DANIEL SIQUEIRA
(Organizador)

*Novena de
São Brás*

DIREÇÃO EDITORIAL: Pe. Fábio Evaristo R. Silva, C.Ss.R.
COORDENAÇÃO EDITORIAL: Ana Lúcia de Castro Leite
COPIDESQUE: Luana Galvão
REVISÃO: Denis Faria
DIAGRAMAÇÃO E CAPA: Tiago Mariano da Conceição

*Textos bíblicos extraídos da Bíblia de Aparecida,
Editora Santuário, 2006.*

ISBN 978-85-369-0528-0

1ª impressão

Todos os direitos reservados à **EDITORA SANTUÁRIO** – 2018

Rua Pe. Claro Monteiro, 342 – 12570-000 – Aparecida-SP
Tel.: 12 3104-2000 – Televendas: 0800 - 16 00 04
www.editorasantuario.com.br
vendas@editorasantuario.com.br

# São Brás

São Brás viveu no século III em Sebaste (Sivas), no reino da Armênia, hoje parte da atual Turquia. Segundo a tradição, ele era médico, conhecido por sua bondade e amabilidade no trato com os pacientes. Também usava da profissão como meio para difundir a fé cristã. Brás possuía a capacidade de se comunicar com os animais e tinha fama de realizar milagres. Entre seus milagres mais conhecidos, está a história do menino que se engasgou com uma espinha de peixe, presa em sua garganta. A mãe desesperada levou-o até a presença do santo, que, após rezar a Deus e colocar as mãos sobre sua garganta, curou-o.

Por sua bondade, foi escolhido pelo povo como bispo de Sebaste. Como pastor daquele povo, exortou todos os fiéis a se manterem firmes na fé, principalmente quando o governo local começou uma dura perseguição contra eles. Com o aumento da perseguição, Brás deixou Sebaste e se refugiou em uma caverna na floresta, de onde continuou, à frente daquela Igreja, conduzindo seu governo pastoral. Ali ele andava livremente entre os animais, até mesmo entre os mais ferozes.

Passado algum tempo, quando uns caçadores foram capturar feras para a arena da cidade, acabaram por encontrar muitos animais na entrada da caverna onde estava Brás. Ao descobrirem quem era o habitante da caverna, prenderam-no e o levaram à presença do Governador. Brás foi coagido a negar sua fé. Como não o fez, no ano de 316, foi encarcerado, torturado e decapitado.

Ele é venerado como santo tanto pela Igreja Católica Romana quanto pelas Igrejas Orientais. No Ocidente, sua festa é celebrada no dia 3 de fevereiro. São Brás é invocado, principalmente, para a cura dos males relacionados com a garganta e considerado o padroeiro dos otorrinolaringologistas.

Rezemos a São Brás pedindo seu auxílio e sua proteção.

# Oração inicial

– *Em nome do Pai † do Filho e do Espírito Santo. Amém!*

– Senhor Deus, nosso Pai, em vossa presença neste momento me coloco para pedir, por intercessão de vosso servo São Brás, que possais vir me socorrer em minhas necessidades *(recordar motivo pelo qual se reza esta novena)*. Peço que, em vosso imenso amor de Pai, vos digneis a atender minha prece e minha súplica.

## Oração

*Ó, glorioso São Brás, protetor de todos aqueles que com fé vos invocam, fostes médico, curando não só os males do corpo, mas também os males da alma. Peço que intercedeis junto de Deus-Pai em meu favor, para que eu seja livre de todos os males, principalmente dos males e das doenças relacionadas com a garganta. Vós, que vivestes totalmente para Deus, ajudai-me também a ser todo de Deus. Amém.*

# Oração final

– Ao terminar esta novena, novamente quero me dirigir a vós, Deus-Pai de amor e ternura, pedindo por aqueles com os quais convivo diariamente e que tanto amo: peço que, com vossa graça, possais proteger minha família e minha casa.

*Pai nosso, que estais nos céus...*

– A Nossa Senhora, Mãe e intercessora junto a seu filho Jesus, quero também me dirigir, pedindo seu amparo e proteção maternal.

*Ave, Maria, cheia de graça...*

**Oração**

*Senhor, sois a plenitude de todo o bem e de toda e benevolência. Peço-vos uma vez mais que, por vosso infinito amor, possais sempre me acompanhar em todos os momentos de minha vida. Que eu possa seguir o exemplo de vosso servo São Brás, vivendo uma vida santa, testemunhando em todas as horas vosso amor junto a todos com os quais convivo. Que possa me abençoar o Senhor, que é todo-poderoso, cheio de compaixão e misericórdia. Em nome do Pai † do Filho e do Espírito Santo. Amém.*

# 1º dia
# *O nascimento de um santo*

**1. Oração inicial** *(p. 5)*

**2. Palavra de Deus** *(Jr 1,4-10)*

Foi dirigida a Palavra do Senhor, dizendo: "Antes que eu te formasse no seio materno, eu te conhecia, antes que saísses do ventre, eu te consagrei; eu te estabeleci profeta das nações". Respondi: "Ah! Senhor, eu não sei falar, pois ainda sou criança". Mas o Senhor me disse: "Não digas: Sou criança, mas vai àqueles aos quais eu te mandar e anuncia o que eu te ordenar. Não os temas, porque estou contigo para te livrar" – oráculo de Javé. Javé estendeu a mão, tocou-me a boca e Javé me disse: "Ponho minhas palavras em tua boca. Hoje te constituo sobre os povos e sobre os reinos para arrancar e demolir, para abater e destruir, para edificar e plantar".

*– Palavra do Senhor!*

### 3. Refletindo sobre a Palavra

Nesse texto bíblico, bastante conhecido, temos a descrição da vocação do profeta Jeremias. E fica evidente que Deus nos chama desde o ventre materno para uma vocação, dando-nos uma missão específica para ser cumprida em nossa vida. Todos precisamos descobrir qual é nossa missão e, após descobri-la, devemos vivê-la em plenitude. São Brás se descobriu chamado a viver uma vida toda dedicada a Deus. Ele nasceu em uma família nobre, mas profundamente cristã. Desde pequeno teve contato com a fé cristã, a qual assumiu viver. Dotado de grande inteligência, dedicou sua juventude ao estudo de vários saberes, principalmente à filosofia.

### 4. Rezando com São Brás

São Brás, desde muito cedo, vivestes em sua vida o chamado do Senhor. Ajudai-me a também viver com fidelidade a vocação a qual fui chamado, para que, seguindo vosso exemplo, eu viva sempre na graça e no amor de Deus. Amém!

### 5. Oração final *(p. 6)*

# 2º dia
## *Médico do corpo e da alma*

**1. Oração inicial** *(p. 5)*

**2. Palavra de Deus** *(Mt 10,5-8)*

Jesus enviou os doze, depois de lhes dar as seguintes instruções: "Não tomeis o caminho que conduz aos pagãos, nem entreis nas cidades dos samaritanos; ide, antes, às ovelhas perdidas da casa de Israel. Andando pelo caminho, anunciai que o Reino dos Céus está perto. Curai os doentes, ressuscitai os mortos, purificai os leprosos, expulsai os demônios. De graça recebestes, de graça deveis dar".

– *Palavra da Salvação!*

**3. Refletindo sobre a Palavra**

Jesus, em sua vida pública, não estava só; acercou-se de diversos seguidores, alguns deles mais próximos, aos quais deu o nome de apóstolos. Jesus os instruiu e os enviou em missão, dando-lhes poderes para curar os males e a incumbência de anunciar o Reino de Deus. Essa missão dada aos apóstolos também se estende a todos os cristãos e discípulos de Jesus. São Brás, sobremaneira, viveu isso em sua vida. Segundo a tradição, ao mesmo tempo que curava os pacientes dos males do corpo, por ser médico, anunciava-lhes a fé em Jesus Cristo e a Boa-Nova trazida por Ele. Com grande amor e compaixão, procurava auxiliar a todos que o procuram, também afligidos pelos males da alma. Assim ficou conhecido em sua região e muitos iam a seu encontro; a partir de seu exemplo, muitos se converteram à fé cristã.

### 4. Rezando com São Brás

São Brás, vós que fostes médico dos males físicos e também dos males da alma, peço vossa proteção contra os males que porventura venham a me atingir, sejam eles físicos ou espirituais, e vossa intercessão. Suplico que sempre olheis por mim, concedendo-me vosso auxílio. Isso vos peço, por Cristo, nosso Senhor. Amém.

### 5. Oração final *(p. 6)*

# 3º dia
# Vivendo a mansidão e ternura, que vem de Deus

**1. Oração inicial** *(p. 5)*

**2. Palavra de Deus** *(Cl 3, 12-15)*

Irmãos: Portanto, como escolhidos de Deus, santos e amados, revesti-vos de sentimentos de misericórdia, de bondade, de humildade, de mansidão e de paciência, suportando-vos uns aos outros e perdoando-vos mutuamente, se alguém tem de lamentar-se com relação aos outros. Como o Senhor vos perdoou, perdoai também vós. Acima de tudo, buscai o amor, que faz a perfeita união. Que a paz de Cristo reine em vossos corações, pois a ela fostes chamados para formar um só corpo. Vivei dando graças a Deus!

– *Palavra do Senhor!*

**3. Refletindo sobre a Palavra**

A comunidade cristã primitiva era marcada pelos sentimentos de amor, misericórdia e compaixão, que existiam entre seus membros. Todos viviam em profundidade os ensinamentos de Jesus. Esses traços eram tão marcantes e autênticos que muitos se sentiam também atraídos a tomar parte daquela comunidade. Também parecem terem sido marcantes na vida de São Brás, porque, em todos os relatos sobre sua vida, sempre o descrevem como um homem tomado de um profundo amor, extremamente misericordioso e generoso com todos aqueles que o procuravam. Ele acolhia todos com mansidão, aconselhava e, principalmente, falava a todos do infinito amor de Deus. A partir desse seu testemunho, muitas pessoas, que ainda não eram convertidas, começaram a procurar a comunidade cristã de Sebaste para serem batizadas; assim, tornavam-se também cristãs.

## 4. Rezando com São Brás

São Brás, procurastes conformar vossa vida à vida de Jesus, fazendo em tudo a vontade de Deus, sendo misericordioso e humilde de coração com todos que o procuravam. Peço hoje vosso auxílio para que, seguindo vosso exemplo, possa também conformar minha vida à vida de Jesus, sendo assim uma testemunha fiel do Reino para todos com os quais convivo. Amém!

### 5. Oração final *(p. 6)*

# 4º dia
# Pastor do povo de Deus

**1. Oração inicial** *(p. 5)*

**2. Palavra de Deus** *(Ef 4,4-5.11-13)*

Irmãos: Há um só Corpo e um só Espírito, como também há uma só esperança à qual fostes chamados, a de vossa vocação. Há um só Senhor, uma só fé, um só batismo. Foi ele também que concedeu a uns ser apóstolos, a outros ser profetas, ou ainda evangelistas, ou pastores, ou mestres, para capacitar os irmãos para a obra do ministério, em vista da construção do Corpo de Cristo, até chegarmos todos à unidade da fé e do conhecimento do Filho de Deus, ao estado de homem perfeito, ao nível da idade que realiza a plenitude de Cristo.

*– Palavra do Senhor!*

### 3. Refletindo sobre a Palavra

Jesus, ao voltar para o Pai, deixou aos apóstolos a tarefa de continuar a missão por ele iniciada. O mestre os incumbiu de levar a todos os povos a Boa-Nova por ele anunciada. As primeiras comunidades foram se organizando em torno de lideranças, as quais ficavam responsáveis por guiar a comunidade. O Papa e os Bispos são sucessores dos apóstolos responsáveis por conduzir o povo de Deus a eles confiados, a fim de que todos cheguem à unidade e que o Reino de Deus seja uma realidade já aqui na terra. Pela sua bondade, amabilidade e profunda espiritualidade, São Brás acabou sendo escolhido pelo povo de Sebaste como seu bispo. Como pastor daquele povo, Brás acolheu a todos, orientando-os e aconselhando-os. Em suas pregações, falava sempre do amor de Deus e de sua infinita misericórdia. O bispo procurou animar todos a se manterem firmes na fé mesmo diante das perseguições pela qual a comunidade passava. Brás era um bispo amado e admirado por seus fiéis.

### 4. Rezando com São Brás

São Brás, a vós que, por desígnio de Deus, fostes escolhido como Bispo para ser pastor e guia do povo de Sebaste quero hoje, especialmente, dirigir-me pedindo por todos aqueles que têm a missão de estar à frente do povo de Deus. Quero rezar pelo Papa, pelos Bispos, padres e lideranças das diversas pastorais, rogando que, assim como vós, eles sejam sempre fiéis a sua vocação e autênticos anunciadores da boa nova do Evangelho. Amém.

**5. Oração final** *(p. 6)*

# 5º dia
# *Nada é impossível para quem tem fé*

**1. Oração inicial** *(p. 5)*

**2. Palavra de Deus** *(Tg 5,13-16)*

Alguém de vós está sofrendo? Reze. Alguém está alegre? Cante. Alguém de vós está doente? Chame os presbíteros da Igreja, a fim de que rezem sobre ele, ungindo-o com óleo em nome do Senhor. A oração da fé salvará o doente, e o Senhor o levantará; e, se ele cometeu pecados, estes serão perdoados. Confessai, pois, vossos pecados uns aos outros e rezai uns pelos outros a fim de serdes curados; a oração fervorosa do justo tem grande valor.

– *Palavra do Senhor!*

### 3. Refletindo sobre a Palavra

Jesus em sua vida pública realizou muitos milagres e muitas curas, que encontramos relatadas nos evangelhos. O Mestre de Nazaré afirmou que todo aquele que tivesse fé poderia também realizar tais coisas e muito mais, bastando apenas rezar e acreditar na bondade e na misericórdia do Pai do Céu. A vida de São Brás foi cercada de vários relatos de curas e de outras coisas miraculosas, entre as quais o poder de conversar com os animais e o poder de ver os males da alma da pessoa. Sem dúvida, a história mais marcante que ficou registrada é a de uma mãe que desesperada procurou o santo com seu filho nos braços quase morto, pois estava engasgado com uma espinha de peixe. Foi somente o santo colocar a mão a garganta da criança e rezar por ela que, em questão de minutos, estava curada, voltando alegremente a brincar. Por causa dessa cura, atribuímos a São Brás o título de protetor contra as doenças da garganta.

### 4. Rezando com São Brás

São Brás, vós encontrastes graça diante de Deus por causa de sua imensa fé. Com a força de Deus conseguistes realizar muitas curas e milagres. Hoje, venho vos pedir que me livreis e protegeis de todos os males, principalmente daqueles da garganta e dos órgãos com ela relacionados. Que eu possa, com vossa intercessão, gozar sempre de saúde do corpo e da alma. Amém!

**5. Oração final** *(p. 6)*

# 6º dia
## *Vivendo em tudo o amor de Deus*

**1. Oração inicial** *(p. 5)*

**2. Palavra de Deus** *(Rm 8,35-39)*

Quem vai nos separar do amor de Cristo? A tribulação, a angústia, a perseguição, a fome, a nudez, o perigo, a espada? Como está escrito: "Por tua causa nos matam o dia todo; somos tratados como ovelhas de corte". Mas em tudo isso somos mais que vencedores por meio daquele que nos amou. Tenho certeza, de fato, de que nem a morte, nem a vida, nem os anjos, nem os principados, nem o presente, nem o futuro, nem os poderes, nem a altura, nem a profundeza, nem outra criatura qualquer poderá nos separar do amor de Deus, que está em Cristo Jesus, nosso Senhor.

*– Palavra do Senhor!*

### 3. Refletindo sobre a Palavra

Esse trecho da Carta aos Romanos nos revela como o apóstolo Paulo viveu plenamente sua fé e como ele se abandonou no amor de Deus, entregando-se por completo à causa do Evangelho, mesmo sabendo que isso implicaria passar por muitos sofrimentos. Paulo soube se manter fiel até o final, deixando para nós um profundo testemunho de fé. São Brás também enfrentou momentos difíceis, em que sua fé foi provada. O novo governador da Capadócia iniciou um violento movimento de perseguição aos cristãos de toda a região, o que resultou em muitas prisões e mortes de muitos cristãos. À medida que a perseguição aumentava, São Brás era convencido por seus fiéis a se retirar de Sebaste. O santo bispo foi morar em uma caverna nas montanhas de onde mantinha contato com seus fiéis. Nessa vida de eremita, ele tinha a companhia dos animais. Mesmo passando por momentos difíceis e correndo o risco de ser preso, São Brás se mantinha firme e inabalável em sua fé.

### 4. Rezando com São Brás

São Brás, vós que enfrentastes tantos momentos de tribulação e de sofrimento, peço-vos, hoje, que também possais estar junto de mim, sendo minha proteção e consolo nos momentos difíceis de minha caminhada. Que, com vosso auxílio, eu não desanime e permaneça sempre fiel a Cristo, fazendo sempre a vontade do Pai. Amém!

**5. Oração final** *(p. 6)*

# 7º dia
## *Sofrer por Cristo*

**1. Oração inicial** *(p. 5)*

**2. Palavra de Deus** *(Fl 1,21-26)*

Porque, para mim, viver é Cristo e morrer é lucro. No entanto, se viver neste corpo significa trabalhar com fruto, já não sei o que escolher. Sinto-me apertado dos dois lados: de um, o desejo de morrer para estar com Cristo, o que é muito melhor; mas, de outro lado, continuar vivendo é mais necessário para vosso bem. Disto estou convencido: sei que vou ficar e permanecer perto de vós todos para vosso progresso e para alegria de vossa fé, a fim de que vosso orgulho a meu respeito cresça sempre mais em Cristo Jesus, com minha nova vinda até vós.

– *Palavra do Senhor!*

### 3. Refletindo sobre a Palavra

Fazer em tudo a vontade de Deus, tornando nossa vida semelhante à vida de Jesus: eis o caminho para aqueles que, do fundo coração, desejam assumir a proposta do Reino. Paulo dedicou sua vida a esse propósito. Assumir a verdade de Cristo e do Evangelho implica também assumir o sofrimento e a perseguição que disso decorrem. São Brás vivenciou isso na pele, pois, com a perseguição movida contra os cristãos da Anatólia, ele foi obrigado a se afastar de sua comunidade, refugiando-se nas montanhas, a fim de não ser preso. Depois de algum tempo, foi encontrado por caçadores. Estes, descobrindo sua identidade, levaram-no preso à presença do governador Agrícola, que exigiu que ele renunciasse sua fé. Como Brás recusou fazê-lo, foi enviado para ser torturado. Foram muitos os suplícios e sofrimentos que São Brás enfrentou; mas, mesmo sofrendo, não renegou sua fé em Jesus Cristo.

### 4. Rezando com São Brás

São Brás, por causa da fé e do Evangelho, enfrentastes inúmeros sofrimentos e inúmeras provações. Eu hoje vos peço que me ampareis, principalmente, nos momentos em que sou tomado pelo desânimo e pela falta de fé, fazendo-me quase desistir da caminhada. Vos suplico que me ajudeis a permanecer fiel até o fim. Isso vos peço por Cristo, nosso Senhor. Amém.

**5. Oração final** *(p. 6)*

# 8º dia
# *Morrer por Cristo e pelo Reino*

**1. Oração inicial** *(p. 5)*

**2. Palavra de Deus** *(2Tm 2,8-13)*

Lembra-te de Jesus Cristo, da estirpe de Davi, ressuscitado dos mortos, segundo meu Evangelho, pelo qual sofro, a ponto de estar acorrentado como um malfeitor, mas a palavra de Deus não está acorrentada. Por isso, eu tudo suporto pelos escolhidos, para que eles também consigam a salvação, que está em Cristo Jesus, e a glória eterna. Esta é uma palavra que merece fé: Se morremos com ele, com ele também viveremos; se perseveramos com ele, com ele também reinaremos; se o renegamos, ele também nos renegará; se somos infiéis, ele permanece fiel, pois não pode negar-se a si mesmo.

– *Palavra do Senhor!*

### 3. Refletindo sobre a Palavra

Permanecer fiel até o fim: eis uma das marcas daqueles que se entregam de corpo e alma a Cristo e ao Reino que Ele anunciou. O martírio, por vezes, foi o caminho final de muitos, entre eles o do apóstolo Paulo e de tantos outros cristãos dos primeiros séculos. "O sangue derramado dos mártires é semente de novos cristãos", como afirmava o autor cristão Tertuliano. Os cristãos devem viver aquilo que o Apóstolo Paulo dizia: "Se morremos com Cristo, com ele também viveremos; se perseveramos com ele, com ele também reinaremos". Viver a fé com profundidade, até as últimas consequências, eis o que também fez São Brás. Mesmo sendo torturado, ele não renegou sua fé. Foi julgado e condenado por ser cristão. Sua pena foi a decapitação, ocorrida no dia 3 de fevereiro do ano de 316. O Corpo sem vida do santo foi levado e enterrado pelos cristãos de Sebaste.

### 4. Rezando com São Brás

São Brás, fostes fiel até o fim, chegando ao ponto de doar vossa própria vida pela fé em Cristo Jesus. Peço-vos que me ajudeis a ser fiel até o fim e a testemunhar com alegria e esperança minha fé. Peço também pelos cristãos que ainda hoje são perseguidos por causa de sua fé em Jesus; que eles também possam manter-se firmes, sendo perseverantes até o fim. Amém!

**5. Oração final** *(p. 6)*

# 9º dia
## Santo de Deus

**1. Oração inicial** *(p. 5)*

**2. Palavra de Deus** *(Ap 7,13-17)*

Um dos anciãos dirigiu-se a mim perguntando-me: "Quem são e de onde vieram estes que estão vestidos de branco?" Eu lhe respondi: "Meu Senhor, tu o sabes!" Ele, então, explicou-me: "Estes são os que vêm da grande tribulação e lavaram suas vestes e as tornaram brancas no sangue do Cordeiro. Por isso estão diante do trono de Deus, servindo-o noite e dia em seu templo; e aquele que está sentado no trono estenderá sua tenda sobre eles. Não terão mais fome, nem sede; nem o sol os afligirá, nem ardor algum, pois o Cordeiro que está no meio do trono será seu Pastor e os conduzirá às fontes de água viva. E Deus enxugará toda lágrima de seus olhos".

*– Palavra do Senhor!*

### 3. Refletindo sobre a Palavra

A Constituição conciliar *Lumem Gentium* revela que todos são chamados à santidade, sendo um dever cristão vivê-la. O trecho do livro Apocalipse revela-nos a recompensa destinada a todos aqueles que são fiéis até o fim: resistindo às tribulações, eles ficarão na presença de Deus, por toda a eternidade, e serão guiados pelo próprio criador. Desde o início, os cristãos têm grande estima àqueles que deram sua vida pela fé. Acreditam que eles estão junto do Pai e que intercedem junto dele pela Igreja.

Logo após a morte de São Brás, muitas pessoas de Sebaste passaram a venerá-lo como santo, e muitas graças eram alcançadas por sua intercessão. Sua fama só aumentava, transpassando as fronteiras da região da Anatólia e se espalhando nos séculos seguintes por todo o Oriente e Ocidente. Hoje, São Brás é venerado em muitos países do mundo, existindo muitas igrejas a ele dedicadas.

### 4. Rezando com São Brás

São Brás, vós encontrastes graça diante de Deus e, por causa de vossa vida dedicada ao serviço dos irmãos, merecestes estar hoje no céu, sendo nosso intercessor. Humildemente, eu vos peço que olheis sempre por mim: que eu possa me inspirar em vosso exemplo para que, assim como vós, um dia, também eu possa alcançar a graça da salvação e estar eternamente na presença do Pai do Céu. Amém!

**5. Oração final** *(p. 6)*

# Índice

São Brás ............................................................... 3

Oração inicial .................................................... 5

Oração final ...................................................... 6

1º dia: O nascimento de um santo ..................... 7

2º dia: Médico do corpo e da alma .................... 9

3º dia: Vivendo a mansidão e
       ternura, que vem de Deus ................... 11

4º dia: Pastor do povo de Deus ....................... 13

5º dia: Nada é impossível para quem tem fé .... 16

6º dia: Vivendo em tudo o amor de Deus ........ 19

7º dia: Sofrer por Cristo .................................... 22

8º dia: Morrer por Cristo e pelo Reino ............. 25

9º dia: Santo de Deus ....................................... 28

A marca FSC® é a garantia de que a madeira utilizada na fabricação do papel deste livro provém de florestas que foram gerenciadas de maneira ambientalmente correta, socialmente justa e economicamente viável.

Este livro foi composto com as famílias tipográficas Bellevue e Calibri e impresso em papel Offset 75g/m² pela **Gráfica Santuário.**